Psicología del desarrollo para principiantes

Cómo comprender fácilmente las etapas del desarrollo desde el lactante hasta el adulto y aplicar las conclusiones de forma específica

Maria Kiemer

CONTENIDO

Qué puedes esperar de esta guía

¿Quiénes somos? O quizás más exactamente: ¿por qué somos quienes somos? Depende de a quién preguntes, pero la mayoría de la gente estará de acuerdo en que nuestra identidad está determinada en gran medida por nuestras experiencias. Esto incluye los momentos culminantes personales, como el primer amor, pero también las crisis personales y la superación de nuestros miedos más profundos. Básicamente, las estrategias que utilizamos para dominar esos retos tan especiales desempeñan un papel en nuestra trayectoria personal en la vida. Cuando tenemos éxito, ¿a qué factores atribuimos este éxito: a nuestra propia capacidad o a la mera suerte? Cuando estamos en crisis, ¿preferimos quedarnos sentados en nuestra impotencia o pedimos ayuda a alguien?

Puede que ahora te sorprenda saber que estas cuestiones tienen menos que ver con el individuo de lo que podría parecer. La forma en que afrontamos los conflictos tiene que ver sobre todo con de quién aprendemos y en quién podemos confiar plenamente. La psicología del desarrollo se ocupa precisamente de estas cuestiones y de lo que podemos hacer mejor desde una perspectiva científica, tanto para acompañar a los niños en su viaje por la vida como para comprender y, en última instancia, dominar nuestras propias crisis vitales.

En esta guía, obtendrás una visión general fácil de entender de los avances modernos de la psicología del desarrollo y de hasta qué punto pueden aplicarse a tu vida cotidiana personal. Después, recibirás una guía que te ayudará a comprender qué ocupa especialmente a una persona en qué momento de su vida desde el punto de vista psicológico, y consejos prácticos sobre cómo echarle una mano. Tanto si quieres entender por qué tu hija parece tan alterada últimamente como si te sientes un poco perdido en este momento y te gustaría tener una nueva perspectiva de tu vida desde fuera, con esta guía la psique humana te parecerá más clara que nunca.

¿Qué se entiende por "desarrollo"?

INVESTIGACIONES ANTERIORES FRENTE A LA SITUACIÓN ACTUAL

La psicología del desarrollo es una materia científica que describe e intenta explicar distintos aspectos del comportamiento y la experiencia humanos. La cuestión central es por qué las personas se desarrollan de forma diferente y cómo pueden sistematizarse estos procesos de desarrollo. La psicología del desarrollo se ocupa principalmente del desarrollo infantil y colabora estrechamente con otras disciplinas que ofrecen solapamientos en este aspecto, por ejemplo con la ciencia de la educación y la neurociencia. Por ello, existen varios enfoques explicativos que combinan supuestos sociológicos y biológicos.

Las disputas clásicas en psicología del desarrollo tratan, por ejemplo, de la cuestión de si nuestro desarrollo está más influido por nuestras predisposiciones genéticas o por nuestro entorno *(naturaleza frente a crianza).* La mayoría de los psicólogos del desarrollo modernos están de acuerdo en que ambos factores desempeñan papeles importantes. Diversos estudios sobre gemelos apoyan la suposición de que la genética ya determina muchas cosas desde el principio. Los gemelos idénticos dados en adopción al nacer y adoptados por hogares diferentes han sido objeto de muchos años de investigación, que observaron a los niños mientras se desarrollaban y compararon los resultados una vez que los gemelos, ya adultos, entraron en contacto entre sí. Surgieron asombrosos paralelismos en sus biografías, como preferencias de moda similares, constelaciones de amistades parecidas o elecciones profesionales similares, que no podían explicarse por meras coincidencias. Por otra parte, los niños están muy influidos por el hogar paterno y el entorno social más amplio en el que crecen. La forma en que los niños afrontan los conflictos y hasta qué punto son capaces de mantener relaciones es algo que aprenden en el trato con sus padres y amigos de la primera infancia.

Famosos experimentos en psicología del desarrollo, por ejemplo, consistían en observar a niños de dos años en situaciones estresantes para ver si buscaban inmediatamente el consuelo de un adulto o se enfrentaban a una nueva situación con confianza y curiosidad.

Además, con el tiempo, las prioridades de un adolescente[1] se guían por las prioridades que se le establecen. Un experimento especialmente llamativo de psicología del desarrollo pudo observarse en las hermanas húngaras Judit, Zsófia y Zsuzsa Polgár, que recibieron clases de ajedrez de sus padres Klara y László Polgár cuando eran niñas, a mediados de los años setenta. El matrimonio Polgár partía de la base de que los genios no nacían, sino que se educaban.

Eligieron el ajedrez como asignatura porque, a diferencia del arte o la música, los progresos y estrategias realizados en este campo podían calcularse matemáticamente. Ninguna de ellas tenía un talento pronunciado para el ajedrez, pero sí un profundo entusiasmo por el juego. Las tres hermanas crecieron y se convirtieron en ajedrecistas de élite, alcanzando las filas profundamente masculinas de la élite ajedrecística. Cada

---

[1] En esta guía, la forma masculina se utiliza sobre todo como término general para una mejor comprensión. Por supuesto, salvo que se indique lo contrario, todos los términos se aplican a todas las personas.

una de las hermanas subrayó más tarde que su educación se había centrado en la diversión del juego, lo que acabó motivándolas para dedicar más tiempo a su afición.

Estas primeras sesiones de práctica de forma voluntaria permitían adquirir un alto nivel de experiencia a una edad temprana y allanaban el camino hacia la cima del mundo. De este modo, los Polgár consiguieron argumentar de forma decisiva que los "niños prodigio" se convierten ostensiblemente en expertos en su campo gracias a su educación y que los niños sólo necesitan recibir buenos estímulos para desarrollar todas sus capacidades. Así pues, ambos factores, la genética y la educación real, se complementan y deben tenerse en cuenta en la crianza de los niños, tanto desde el punto de vista de la psicología del desarrollo como de la pedagogía.

Una segunda controversia popular en la psicología del desarrollo es si debemos hablar más bien de un desarrollo por fases o gradual en términos de desarrollo humano. Expliquemos esto un poco más claramente con un ejemplo: Imagina que todos los domingos sales a pasear por el bosque y eliges siempre el mismo camino. Un día te fijas en un pequeño abeto.

En los años siguientes, sigues el crecimiento de este abeto. Por supuesto, gana en grosor y tamaño, puede desarrollar un esplendor de agujas más completo, pero sin embargo sigue siendo en el fondo el mismo abeto que descubriste al principio. Los psicólogos del desarrollo entienden que esto significa un *desarrollo continuo*: no se producen trastornos dramáticos, el árbol simplemente gana fuerza. Es distinto, por ejemplo, con las mariposas que nacen como orugas, pasan por una fase de pupa y abandonan su capullo como mariposas adultas. En este caso, los psicólogos del desarrollo hablan de *desarrollo discontinuo* porque se han producido dos trastornos claramente reconocibles en el aspecto y el comportamiento de la mariposa. ¿Qué proceso de desarrollo crees que está experimentando el ser humano? Y antes de decidirte espontáneamente por una posibilidad, detente un momento. ¿La madurez sexual es ahora un mero crecimiento o un cambio drástico? ¿Y el desarrollo mental, que no se abordó en absoluto en ninguno de los dos ejemplos? Cuando hablamos de trastornos dramáticos, ¿en qué momento de nuestro desarrollo los situamos mejor? ¿Sigues siendo la misma persona en el fondo que eras hace 20 años?

La mayoría de los psicólogos del desarrollo de renombre establecieron modelos orientados hacia un desarrollo escalonado y secuencial. Antes del siglo XX, pensadores de renombre como Jean-Jacques Rousseau se ocuparon de la tensión entre la independencia y la orientación bienintencionada, de la que un niño en crecimiento debería beneficiarse por igual. La idea del jardín de infancia, en el que los niños aprenden literalmente a crecer y a desarrollarse intelectualmente, también surgió de esta época. Sin embargo, hasta principios del siglo XX, junto con la creciente influencia de la psicología en las humanidades y las ciencias naturales, no pudo establecerse un verdadero punto de apoyo para la psicología del desarrollo.

Ahora era posible formular hipótesis concretas que podían comprobarse mediante experimentos psicológicos.

Karl Bühler, que enseñaba en la Universidad Técnica de Dresde durante este periodo, desarrolló una de las primeras tipologías modernas de la edad infantil. Al igual que los psicólogos del desarrollo posteriores, basó su delimitación de las fases en actividades observables que los niños realizan principalmente a distintas edades: *los* recién nacidos están obsesionados con la alimentación, los niños que empiezan a *correr* persiguen con entusiasmo su creciente movilidad, y los preescolares viven sus fantasías y curiosidades en intercambios sociales entre sí en la *edad de los cuentos de hadas*. En la teoría cuatripartita del desarrollo cognitivo de Jean Piaget, influida por los planteamientos epistemológico-filosóficos, los niños adquieren una coordinación motora inicial y desarrollan concepciones de los objetos, así como gradualmente la capacidad de pensar lógicamente, que demuestran en diversos grados según su etapa de desarrollo. Los niños deben primero ser capaces de distinguir entre objetos animados e inanimados y comprender el concepto de lo abstracto, por ejemplo las tareas de suma, antes de poder resolver lógicamente problemas más complejos. Piaget verificó sus tesis con experimentos prácticos con niños y por eso sigue gozando de cierta estima en los círculos psicológicos y educativos. Ambos modelos ya han sido criticados por hablar de fases claramente delimitadas, cuando en realidad deberíamos hablar de transiciones fluidas.

Si observamos el cerebro humano, debería estar claro por qué nuestro desarrollo debe considerarse más como un ascensor que como una escalera. Las redes neuronales se caracterizan por nuevas conexiones constantes que se rompen cuando se descuidan. Cuanto antes empieces a practicar una habilidad determinada, más grandes -léase: mejor conectadas- se vuelven las áreas cerebrales en cuestión. Esto se debe principalmente a que los cerebros jóvenes son más maleables y absorben la información nueva de dos a tres veces mejor por término medio que los cerebros mayores (véase Baltes y Kliegl, 1992). Dado que todo proceso de aprendizaje se basa en el conocimiento existente, las estructuras de conocimiento ampliadas facilitan el aprendizaje de información y habilidades relacionadas pero nuevas. Sin embargo, si estas estructuras de conocimiento son víctimas de enfermedades o accidentes, por ejemplo, no puede decirse necesariamente que la persona retroceda automáticamente a una fase de desarrollo anterior. En 2011, la política estadounidense Gabby Giffords fue víctima de un atentado terrorista en el que una bala de pistola penetró en uno de sus hemisferios cerebrales. Su salvación fue que la bala no alcanzó el otro hemisferio de su cerebro. Como consecuencia, perdió la capacidad de hablar, pero no la de pensar lógicamente ni sus recuerdos anteriores. Sus habilidades musicales también habían permanecido intactas. Se entrenó mediante un largo y duro trabajo para recuperar la capacidad de hablar. En 2020, dio un discurso en directo que demostró lo mucho que había avanzado desde el atentado contra su vida.

Si sigues el modelo de Bühler o de Piaget, debería estar claro que Giffords nunca estuvo realmente al nivel de un niño pequeño: simplemente había perdido las redes neuronales necesarias para ello y posteriormente las reconstruyó en el trabajo individual. Los retos que tuvimos en un momento anterior de nuestro desarrollo pueden volver a surgir en cualquier momento. Los seres humanos son productos asombrosos de la naturaleza y pueden superar algunos de estos retos sin perder su madurez como adultos.

La psicología del desarrollo es un campo extremadamente amplio y no puede presentarse en todo su alcance en esta guía. La mayoría de los experimentos tratan de la educación infantil y, en su contexto, del desarrollo de la motivación, las expectativas y las estrategias de aprendizaje. La investigación del siglo XXI se centra, en cambio, en los procesos de desarrollo y aprendizaje a lo largo de toda la vida, y ahora incluye el papel de las influencias multimedia, es decir, la televisión e Internet, en sus hipótesis sobre el desarrollo humano. Se han ampliado y reelaborado diversos modelos para dar cabida al papel de la educación moral y los rasgos del carácter individual.

Además, ahora se cuestiona que podamos aplicar modelos uniformes a todas las personas, independientemente de su generación y su origen cultural: hallazgos recientes indican que esto puede dar lugar a algunas ideas erróneas. Las comparaciones entre los estilos de crianza europeo y asiático, por ejemplo, han demostrado que el papel de la individualidad desempeña un papel mucho menos importante en los hogares asiáticos que en los occidentales. Esto no quiere decir que en estas culturas se desprecie al individuo como tal, sino que se percibe una relación interpersonal más fuerte entre uno mismo y la familia a la que pertenece.

Las necesidades de la familia tienen un papel especial y no suele considerarse un gran sacrificio personal hacer concesiones para satisfacer estas necesidades familiares. Por el contrario, la cultura europea y otras culturas occidentalizadas se centran mucho más en las diferencias entre uno mismo y el entorno. El individuo se define a sí mismo por lo que le diferencia de los demás y celebra esta diferencia como algo especial.

Estas influencias deben tenerse en cuenta en la psicología del desarrollo para que los nuevos enfoques adecuados puedan hacer justicia a los diversos planteamientos de la educación en el mundo.

Además, cada generación está marcada por un acontecimiento drástico o una nueva tecnología, ya sea vivir una pandemia o el desarrollo del smartphone. Los lingüistas señalan que nuestra lengua materna individual tiene una influencia duradera en nuestra comprensión general del lenguaje y en nuestra emocionalidad. La investigación ideográfica se interesa sobre todo por las diferencias en el desarrollo infantil y encuentra cada vez mejor aplicación en las nuevas bases. Cabe suponer que nos esperan muchos más descubrimientos en lo que respecta a la descodificación del desarrollo humano.

POR QUÉ EL MODELO DE ERIKSON SIGUE SIENDO UNA BUENA GUÍA

Si la psicología posmoderna del desarrollo cuestiona la mayoría de los modelos anteriores, ¿por qué te presento a continuación un modelo publicado por primera vez en 1950? ¿No hay entretanto modelos más modernos que retomen, por ejemplo, la influencia duradera de Internet en nuestro desarrollo? Por supuesto que los hay. El problema es que los modelos en cuestión suelen centrarse en una influencia principal sobre el desarrollo, pero descuidan otros aspectos. En algunos modelos predomina el contexto sociopolítico en el que madura una persona, mientras que en otros se presuponen las virtudes internas que poseen las personas.

Aunque la psicología del desarrollo se beneficia de sus muchas intersecciones con la educación y diversas humanidades, tales modelos sirven más bien de apoyo para mostrarnos que el desarrollo humano es un proceso extremadamente complejo que dura toda la vida. Tiene más sentido utilizar un modelo que permita enfoques tanto psicológicos como sociológicos. El modelo de etapas del desarrollo psicosocial de Erik Erikson es uno de esos modelos y un punto de partida popular para las teorías más modernas precisamente por esta razón. Aunque es uno de los enfoques explicativos más antiguos, sólo ha recibido su merecida atención en las últimas décadas y, al igual que las ideas modernas, abarca todo el espectro de la vida.

Erik Erikson fue un psicoanalista germano-americano que entró en contacto con teorías de la psicología durante sus estudios. Junto con su esposa Joan Serson, desarrolló el modelo de la etapa común, que difiere drásticamente de sus influencias originales, a saber, Sigmund Freud. Las investigaciones de Freud se centraron principalmente en una noción popularizada de inclinaciones, fijaciones y neurosis sexuales en la primera infancia. Aunque hoy se reconoce que Freud hizo un buen trabajo al elaborar el papel del inconsciente, se critica especialmente la neurosis sexual, que él consideraba instrumental en todo el desarrollo de la primera infancia. Erikson también se opuso a la suposición de Freud de que el desarrollo de la personalidad debía terminar a los cinco años: veía argumentos más claros de que la infancia dura mucho más y de que incluso los adultos pasan por distintas etapas de desarrollo personal en situaciones futuras.

Mientras que Freud veía el desarrollo humano desde un punto de vista más clínico y pesimista, porque consideraba que las personalidades eran inmutables, Erikson abrió el campo al optimismo mediante su idea del desarrollo a lo largo de la vida; los errores cometidos anteriormente pueden analizarse y evitarse de forma lógica más adelante, e incluso convertirse en el detonante de una sensación de logro. La posterior ampliación de la psicología freudiana hizo especial hincapié en la llamada psicología del yo, en la que el yo y su relación con el entorno pasan a un primer plano. La teoría de Erikson está estrechamente relacionada con este último campo. Sus tesis siguen siendo fácilmente retomadas y desarrolladas en la actualidad:

• En el curso de su desarrollo, las personas pasan principalmente por fases psicosociales, es decir, sus capacidades mentales y cognitivas se aprenden y practican en interacción con los demás.

• Cada persona se enfrenta a lo largo de su vida a ocho conflictos básicos, que le ayudan a adquirir nuevas percepciones de sí misma y de los demás y le proporcionan las habilidades necesarias para enfrentarse a futuros conflictos.

• En la primera infancia, el ser humano, a diferencia del adulto, no es en absoluto capaz de percibir y evaluar correctamente los objetos. Así pues, la infancia se define como la ausencia de capacidades, que se adquieren y dominan gradualmente mediante procesos cada vez más complejos y diferenciados.

• La fase más importante del desarrollo es la pubertad, en la que se desarrolla un número especialmente elevado de conflictos internos y externos.

• La infancia se caracteriza por la adquisición gradual de habilidades.

• El proceso de desarrollo está moldeado predominantemente por los genes presentes, pero los factores ambientales, como la familia inmediata, así como las culturas y las tecnologías, influyen en la naturaleza y en la gestión de los distintos conflictos. Erikson reconoce que las distintas culturas también afectan de forma diferente al proceso de desarrollo. No obstante, afirma que cada uno de nosotros sigue "leyes internas" que ayudan a determinar nuestro enfoque de las interacciones sociales y, en consecuencia, permiten establecer paralelismos transculturales entre los distintos estilos de crianza.

• Una personalidad sana de una persona consiste en una influencia activa sobre su entorno, la aceptación de todos los rasgos de su propio carácter, así como una visión realista de sí misma y de su entorno. Cada uno de estos tres rasgos está relacionado con otro: por ejemplo, para influir activamente en mi entorno, en primer lugar debo tener una visión realista de mí mismo, es decir, tener confianza en mis propias capacidades y comprender el papel limitado que desempeño en mi entorno. Por ejemplo, no es sano que me alce orgulloso y corte toda la leña para el invierno cuando no tengo fuerza en los brazos. En cambio, una evaluación realista de mis propias capacidades me lleva más fácilmente a aceptar mis propios defectos y carencias: puede que no sea el mejor cortador de leña de la casa, pero soy un cocinero bastante bueno. No sólo tiene mucho más sentido desde un punto de vista práctico distanciarse de los retos demasiado grandes, sino que también es mejor para la propia psique a largo plazo.

- El desarrollo de la personalidad es un proceso que dura toda la vida. En cada etapa, una persona puede aprender algo nuevo, independientemente de su edad y experiencia.

Para esta guía, se ha elegido como orientación el modelo de Erikson, que coincide con otros descubrimientos de la psicología. Las fases individuales no pueden distinguirse claramente unas de otras porque Erikson supone un desarrollo que se funde entre sí. En el siguiente capítulo, podrás conocer la psique de una persona, desde su nacimiento hasta el final de su vida, en breves y comprensibles esbozos. Te recomiendo que leas cada sección, ya que algunos conflictos pueden repetirse a lo largo de la vida. Cada sección contiene dos o tres consejos que te ayudarán a encontrar estrategias de afrontamiento para cualquier edad, tanto si quieres comprender mejor el desarrollo de tu hijo como si te preguntas qué conocimientos psicológicos del desarrollo podrían serte útiles a ti mismo en el momento actual de tu vida.

De niño a adulto: lo que nos mueve internamente

INFANCIA: CONFIANZA PRIMORDIAL FRENTE A DESCONFIANZA PRIMORDIAL

Empezamos, como no podía ser de otra manera, por el principio, o al menos directamente tras el nacimiento de un niño. Las drásticas experiencias que vive un niño en *el* vientre materno siguen siendo un secreto bien guardado. El hecho es: ninguna vida humana comienza en total soledad. El acto del nacimiento es una experiencia drástica tanto para la madre como para el niño que da a luz. ¿Te has preguntado alguna vez por qué se recomienda que el recién nacido tenga contacto directo con la piel de sus padres lo antes posible?

Además de la liberación extremadamente beneficiosa de hormonas parentales, sobre todo se apoya la psique del niño. Los recién nacidos no ven ni oyen especialmente bien, pero responden tanto mejor al calor humano y, sobre todo, al pulso, cuyo sonido amortiguado aún conocen de su época en el útero. Lo más importante para un ser humano recién nacido y completamente desorientado es poder aferrarse a algo que le resulte lo más familiar posible. Ésta es la primera gran crisis a la que tiene que enfrentarse un ser humano en su vida: Tiene que desarrollar la capacidad de confiar para que su encuentro con nuevas experiencias no vaya acompañado de una desconfianza fundamental a largo plazo. ¡Es más difícil decirlo que hacerlo! ¿Qué posibilidades tienes tú mismo, como adulto, de depositar tu confianza en personas o situaciones extrañas? Tal vez creas en la Regla de Oro y profundices en tu relación a través del contacto directo con el otro. O quizá eres más escéptico y primero recabas información sobre esa situación desconocida, por ejemplo hablando con tus amigos o investigando en Internet durante varias horas. Tal vez mantengas tus opciones lo más abiertas posible y tengas siempre preparado un plan B por si alguien traiciona realmente tu confianza. Ahora intenta ponerte en la situación de un bebé. No tiene ni idea de moral ni de buenos modales. Tampoco es capaz de ofrecer nada a cambio de un buen gesto o de escapar por sí mismo de una situación aterradora. En el primer año de vida, su capacidad de comunicación se limita al llanto, con el que simultáneamente comunica sus necesidades y pide ayuda.

En esta fase, cada llamada del bebé debe entenderse como un *"todo dentro"*: confía completamente en la esperanza de que sus cuidadores muestren atención y se ocupen de sus preocupaciones. Al mismo tiempo, aprende que su voz se oye literalmente y que tiene una influencia directa en su entorno. Esto alivia sus preocupaciones y puede aprender a aceptar su dependencia temporal como tal. La "esperanza" es el ingrediente principal para enseñar a un niño a confiar, de modo que pueda mostrar esta confianza a alguien en el futuro. Esta confianza, a su vez, es la base mental de todo proceso de aprendizaje y relación emocional que el niño entablará más adelante. Si un niño no puede desarrollar la confianza, se sentirá completamente indefenso en situaciones de crisis y nunca podrá ver lo bueno en los demás; pero lo más importante es que no podrá ver lo bueno en sí mismo.

<u>Lo cual es especialmente útil en esta fase:</u>

✓ **Dale a tu hijo una sensación de seguridad lo más estable posible.** Si tu hijo busca contacto contigo, debes ser receptivo y fiable para este contacto. Esto significa no dejar que tu hijo "llore". Contrariamente al consejo popular para padres jóvenes, esto no enseña a un bebé a calmarse por sí mismo. Es mucho más probable que la lección aprendida sea dejar al bebé solo con sus problemas. Así que, en esta fase especialmente sensible de la vida, demuestra que puedes responder y que siempre responderás cuando tu hijo exprese esa necesidad.

✓ **Tómate en serio los miedos de tu hijo.** Los bebés no pueden expresar de forma diferenciada qué preocupaciones son realmente urgentes (pañales llenos) y qué preocupaciones no lo son (una gran sombra en la pared). De todos modos, te aconsejamos que intentes ver cada miedo desde la perspectiva de tu hijo. Casi todas las experiencias son nuevas y alienantes, y tienes que aprender a afrontarlas. La mayoría de los problemas no requieren una solución demasiado complicada, pero todo problema exige que se le haga frente. Demuéstrale a tu hijo que ninguna de sus preocupaciones está por debajo de ti como cuidador.

PRIMERA INFANCIA: AUTONOMÍA FRENTE A DUDA DE UNO MISMO

Entre el primer y el tercer cumpleaños de un niño pequeño, otra cuestión domina su vida interior, a saber, la cuestión de su propia autonomía o autosuficiencia. El niño pequeño ha aprendido cómo reacciona el entorno ante su indefensión. Mientras tanto, ha desarrollado sus propias capacidades, y una de las más importantes de estas nuevas capacidades es, sin duda, la capacidad de regular sus propios arrebatos. Cualquiera que esté rudimentariamente familiarizado con las teorías de Sigmund Freud podrá detectar en este punto un paralelismo con la fase anal. En este sentido, este paralelismo está justificado, ya que una musculatura más madura va acompañada de una mejor comprensión del (auto)control. Pero ejercer el control también significa ser capaz de sentir vergüenza.

"Vergüenza" siempre tiene algo que ver con el proceso de soltar, independientemente de si implica literalmente excreciones físicas o expresiones verbales. Algo vergonzoso puede "escaparse" literalmente a cualquier edad. A este respecto, por tanto, el niño pequeño desarrolla una relación especialmente profunda con su propio cuerpo, ya que la falta de control sobre sus

funciones corporales le provoca inmediatamente sentimientos de vergüenza. Esta vergüenza no sólo se in-
stala tras el percance real, sino que también domina de
antemano: ¿Qué podría ocurrir si pierdo el autocontrol
más adelante? ¿Qué podría temer? Incluso mucho después de haber aprendido a ir al baño de forma independiente, estos patrones de pensamiento pueden aflorar
en los adultos. A algunos nos consumen miedos que
nos encogen por dentro, nos dan retortijones de
estómago y nos hacen dudar de nosotros mismos.
Los que aprenden a controlar esos impulsos lo antes
posible tienen muchas más posibilidades de enfrentarse a los sentimientos de inseguridad más adelante.

Lo que se entrena aquí es la capacidad de voluntad.
En esta fase, los niños pequeños necesitan un equilibrio
claro entre autoridad y flexibilidad por parte de los
padres, para poder desarrollar la seguridad y la confianza en sus propias capacidades.

<u>Lo cual es especialmente útil en esta fase:</u>
✓ **Actúa con firmeza.** Mientras el niño desarrolla su
primera autonomía, debe tener al mismo tiempo una
autoridad a la que recurrir cuando sea necesario. Aquí
es donde sientas las bases para que tu hijo reconozca y
respete la autoridad. Quieres ser una autoridad en la

que tu hijo confíe y a la que pueda recurrir cuando corra peligro de sobrepasar los límites. De este modo, aprende a responsabilizarse de sus actos y a hacer frente a los contratiempos.

✓ **Muestra tu lado flexible y paciente.** Los músculos del cuerpo son un instrumento tan complicado como la interacción del orgullo y la vergüenza. Comprende que el aprendizaje de la autonomía requiere tiempo y margen para el fracaso, y adopta un enfoque paso a paso junto con tu hijo, no a saltos.

EDAD PREESCOLAR: INICIATIVA FRENTE A CULPA

Alrededor de los tres años, el niño suele desarrollar la necesidad de una meta que pueda alcanzar por sus propias fuerzas. Si te fijas en las dos fases anteriores, esto tiene mucho sentido: lo ideal es que ya haya aprendido a ayudarse de los demás y a valerse por sí mismo, que sepa expresarse y moverse de forma independiente; ahora ha llegado el momento de poner a prueba estas habilidades.

Especialmente en los intercambios con los compañeros, por ejemplo lo que ocurre con los hermanos o en la guardería, los deseos y esperanzas se discuten ahora animadamente y se miden entre sí. La imaginación del niño florece realmente en este entorno, pero puede escapársele de las manos en determinadas circunstancias. Pueden surgir ideas que asusten al propio niño porque ya las ha pensado o soñado. Es el apogeo de los monstruos nocturnos y del horror a las propias posibilidades de acción. De repente, se plantean preguntas temibles sobre lo que es bueno y lo que es malo; si soy una mala persona si hago el mal; si mis amigos seguirán queriéndome si ya he *pensado* en algo malo ...

Por eso, a esta edad, los niños desarrollan una comprensión más profunda de lo que está "bien" y lo que está "mal", y toman conciencia de que pueden hacer cosas que más tarde se entienda que están mal. Esta idea les hace sentirse culpables. Para fijarse un objetivo, el niño debe ser capaz de superar estos sentimientos de culpabilidad para afrontar situaciones más difíciles con una clara confianza en sí mismo.

<u>Lo cual es especialmente útil en esta fase:</u>

✓ **Infunde confianza y calma a tu hijo.** Tú tienes una perspectiva mucho mejor de la interacción entre el bien y el mal que la que puede tener tu hijo de cinco años en este momento. Proporcionas el contrapeso emocional y así permites que tu hijo procese mejor las situaciones estresantes.

✓ **Haz que las consecuencias sean comprensibles y evitables.** Es importante que tu hijo entienda: los límites existen para poder desarrollar una brújula moral en primer lugar. Si hace algo malo, por ejemplo quitarle el postre a su mejor amigo, hay que esperar consecuencias por este mal comportamiento. Por supuesto, tu hijo quiere evitar consecuencias desagradables y actuará en consecuencia. Sin embargo, siendo objetivo y revelándole la conexión entre el comportamiento cambiante y las consecuencias, tu hijo podrá distanciarse de sus actos. Comprenderá que su autoestima no cambia y que tiene pleno control sobre sus actos. Así, desarrolla una creciente confianza en sí mismo y construye la capacidad de responsabilizarse de sí mismo.

EDAD ESCOLAR PRIMARIA: COM-PETENCIA FRENTE A INFERIO-RIDAD

Desde el punto de vista psicológico del desarrollo, esta etapa de la vida se considera con diversos grados de importancia: según Erikson, es ahora cuando tiene lugar un desarrollo verdaderamente fundamental de la personalidad de una persona. Las habilidades y competencias que se desarrollan y practican ahora pueden desarrollarse mejor más adelante. Aproximadamente a partir de los seis años, es decir, a menudo junto con el ingreso en la escuela primaria, los niños empiezan a salir de su mundo de fantasía. Ahora ponen más énfasis en crear algo "real", es decir, en completar ciertas cosas y obtener así satisfacción y reconocimiento. Este reconocimiento no sólo debe provenir de los padres, profesores y amigos, sino que también es un proceso interno en el que el niño aprende a apreciar sus propias capacidades.

Por supuesto, el reconocimiento es más fácil de reconocer desde fuera, sobre todo porque a esta edad los niños se familiarizan por primera vez con las evaluaciones de éxito. Ahora reciben calificaciones escolares, por lo que sus éxitos y fracasos se evalúan para que todos los vean. Esto conduce a una mejor comprensión de lo que hace que un proyecto tenga éxito o no, pero al mismo tiempo también a una cierta presión interna. El niño entiende un suspenso no sólo como un rendimiento "mediocre" en sí mismo, sino también como un rendimiento mediocre en la propia estructura de la clase. Los educadores también entienden este desarrollo bajo el término *norma de referencia social*, en el que el niño no se mide superficialmente en función de su desarrollo individual, sino en función de sus compañeros de clase. A algunos niños les gustan estas situaciones competitivas y muestran especial ambición cuando tienen la oportunidad de brillar en comparación con sus amigos. Sin embargo, es importante que aprecien siempre su propio desarrollo y tengan paciencia consigo mismos cuando necesiten más tiempo para encontrar soluciones a los problemas.

Parece una situación estresante, pero si el niño ha aprendido confianza, autonomía y seguridad en sí mismo en las fases de desarrollo precedentes, será capaz de afrontar este estrés adecuadamente y no querrá colgar su autoestima de meras notas escolares. Incluso en la edad adulta, la forma en que buscamos soluciones a un problema en primer lugar es una declaración automática de confianza en nosotros mismos.

¿Conoces la sensación de pensar que algo no tiene sentido de todos modos? ¿Para qué abordar algo si probablemente no saldrá bien de todos modos? Una actitud así nos hace procrastinar, lo que sólo hace que el problema en cuestión parezca mayor y más difícil.

En cambio, un niño que invierte tiempo y esfuerzo en sus proyectos es un niño que cree en sus propias capacidades. No se centra en la idea de un posible fracaso, sino en una orientación en la dirección de lo que es factible y lo que se puede conseguir en qué tiempo, siendo realistas. A esta edad, podrás ver de cerca si tu hijo se está convirtiendo en un optimista o más bien en un pesimista. Esta actitud está muy relacionada con el grado en que tu hijo cree que puede conseguir y cambiar algo por sus propios medios.

Lo cual es especialmente útil en esta fase:
✓ **Haz especial hincapié en el desarrollo individual de tu hijo. Los niños** ya sienten la presión externa de encajar en la comunidad de su clase y de rendir bien. Pregúntale qué ha aprendido tu hijo por sí mismo y cómo quiere afrontar los fracasos (anteriores). Si observas que tu hijo tiene dificultades en clase, esto no es automáticamente motivo de pánico. Es posible que tu hijo esté desarrollando una competencia

diferente o que necesite ver primero el problema desde varios lados para poder resolverlo. Lo crucial es que tu hijo aprenda a ser paciente consigo mismo y vea su proceso de aprendizaje como algo que le divierte y le recompensa por su esfuerzo.

✓ **Ten expectativas realistas.** Los niños se benefician más cuando perciben que estás atento a su proceso de aprendizaje. Subestimar las capacidades de tu hijo ("¡Esto es demasiado difícil para ti!") puede provocar sentimientos de inferioridad, y sobrestimarlas ("¡Puedes hacer esto fácilmente!") puede, a su vez, hacer que el niño se sienta intimidado y abrumado. Por tanto, no esperes que tu hijo tenga el mismo éxito en todas las materias escolares y en todas las etapas de la vida. Si tu hijo muestra confianza en sí mismo y ambición en una materia escolar, demuéstrale tu seguridad y confianza; si se siente inseguro en otra materia y ha tenido fracasos en el pasado, muéstrate empático y comprensivo. De este modo, tu hijo sabe que sigues activamente su proceso de aprendizaje, pero que al mismo tiempo no tiene que temer ninguna decepción por tu parte.

PUBERTAD: IDENTIDAD FRENTE A DIFUSIÓN DE ROLES

Hacia el final de los años de la escuela primaria, el niño ha aprendido inicialmente a enfrentarse a situaciones de evaluación y a reaccionar ante el estrés. Con el inicio de la pubertad, ahora vuelve a ser claramente más importante el lugar que ocupa en un grupo y lo fuertes que son sus relaciones con los amigos y quizá incluso con los enemigos. No en vano se dice que el cerebro puberal es una auténtica obra en construcción.

A esta edad, el cerebro humano desarrolla miríadas de nuevas conexiones cerebrales y luego vuelve a cortar buena parte de ellas; algunas áreas cerebrales se desarrollan antes y más deprisa, otras bien podrían estar en una pequeña edad de hielo. Quedan menos conexiones que al principio, pero éstas transportan la información a mayor velocidad. Este proceso también se denomina darwinismo neuronal, porque el cerebro establece qué conexiones cerebrales desempeñarán un papel más o menos importante en el futuro.

El cerebro prefrontal, por ejemplo, se ve especialmente afectado por ello, por lo que a los adolescentes les suele resultar muy difícil organizar sus horas de trabajo y terminar las tareas a tiempo. Su sentido del tiempo sufre una renovación inmediata durante esta fase. Un adolescente puede ser menos perezoso por este motivo, simplemente no sabe evaluar mentalmente las tareas urgentes y necesarias como tú. Toma decisiones importantes de forma distinta a la tuya: no con la ayuda de su cerebro prefrontal, sino con la de su amígdala, que es mucho más responsable de las decisiones instintivas. Aunque éstas no conducen necesariamente a malos resultados, los jóvenes no incluyen la posibilidad de consecuencias negativas en su proceso de toma de decisiones. Por esta razón, decir "¡no había pensado en eso!" está mucho más cerca de la verdad de lo que querrías aceptar de un joven en esta situación. Tiene más sentido mostrar a los jóvenes recompensas inmediatas por las acciones realizadas que situar una posible amenaza en un futuro lejano. Las recompensas también tienen que ser mayores, ya que los adolescentes son neurológicamente menos sensibles a las recompensas que los adultos. Esto explica por qué los jóvenes a veces asumen mayores riesgos para que su propio cerebro les recompense con sentimientos de felicidad en primer lugar.

El habla y la orientación espacial también se ven brutalmente afectadas. Entre los doce y los dieciocho años, los adolescentes sólo pueden reconocer los sentimientos de sus semejantes hasta cierto punto, lo que explica por qué algunos parecen tan completamente absortos en su propio mundo emocional. Descubrir la propia sexualidad puede llevar a una gran confusión e incertidumbre. ¿Quiero que me encuentren atractivo y, en caso afirmativo, quién? ¿Encuentro atractiva a esta persona? ¿Quiero ser ya un adulto, con todas las desventajas que conlleva la edad adulta? En otras palabras, el cerebro adolescente está sumido en el caos y todavía tiene que hacer el trabajo pesado tanto cognitivo como emocional. En este punto, se revisan y reevalúan conflictos anteriores: ¿Puedo confiar realmente en mi familia y amigos? ¿Hay quizá algo de mí de lo que debería avergonzarme? ¿Soy lo bastante capaz para conseguir ciertas cosas, o quizá no cumplo los requisitos escolares y sociales? Esto no es en absoluto un paso atrás en la infancia, sino un paso necesario para que el salto a la edad adulta pueda tener éxito. Un adolescente ya no es un niño que depende de la confianza ciega para sobrevivir. Ahora tiene una mayor riqueza de experiencia, ve el mundo de una forma más compleja y sabe que tiene que renegociar sus relaciones. En este punto, tiene que asumir todos sus conflictos internos y reconciliarlos para que a partir de ellos puedan desarrollarse expectativas tangibles, miedos, esperanzas, en otras palabras: una identidad. Los jóvenes comprenden ahora que la forma en que afrontan los problemas y las crisis es comparable a la forma en que los adultos afrontan sus propios problemas y crisis.

El gran reto interior en esta fase es que la comprensión de los papeles sociales no es lo bastante estable. Los jóvenes dudan de quiénes son y de lo que significan para los demás. Por eso, se orientan hacia determinados papeles que les son dados y ejemplificados, y se definen a sí mismos a través de diversos grupos a los que (quieren) pertenecer. Estos grupos sociales demuestran su cohesión al mundo exterior persiguiendo puntos comunes externos muy concretos, por ejemplo, a través de las tendencias de la moda, los patrones lingüísticos o los peinados, y confirman su cohesión interna, por ejemplo, a través de imágenes enemigas comunes y de la intolerancia hacia los forasteros.

Por esta razón, los jóvenes también buscan el conflicto con las personas que les son realmente cercanas, como familiares y amigos de la infancia, porque puede que no pertenezcan a la subcultura juvenil con la que se identifican tanto. Si de repente se elige a los confidentes como oponentes, se debe principalmente a que el joven necesita este conflicto para verse en el espejo y desarrollar un sentido de su propia identidad. Los jóvenes de esta edad quieren saber sobre todo a quién y por qué razón quieren ser leales. Para ello, primero tienen que desarrollar una comprensión de lo que constituye su personalidad y qué límites personales no deben traspasarse para que se mantenga una relación de confianza mutua.

<u>Lo cual es especialmente útil en esta fase:</u>

✓ **Mantén la estabilidad que ya le es familiar a tu adolescente.** En situaciones de crisis, necesitamos un ancla a la que agarrarnos y que nos oriente. En este caso, esto significa para ti ceñirte a rutinas regulares y familiares. Estas rutinas incluyen, por ejemplo, rituales fijos como las cenas compartidas o las horas a las que tu hijo debe dormir. Por supuesto, tienes que tener en cuenta que a los chicos de dieciséis años les gusta pasar tiempo con sus amigos o que, biológicamente hablando, se cansan mucho más tarde que su hermana de diez años. Así que elige qué rituales y normas existentes quieres enfatizar en función de tu situación familiar. Es importante que tu hijo perciba su hogar como un lugar de estabilidad en el que se esperan determinadas consecuencias y personas de contacto.

✓ **Deja a tu hijo adolescente espacio suficiente para enfrentarse a sus conflictos internos.** Acepta que en este momento del desarrollo psicológico necesitarás que se cuestione tu posición particular como figura de autoridad. Los adolescentes dan especial importancia a las opiniones de sus amigos y compañeros, y éstas entrarán indudablemente en conflicto con las tuyas. Los adolescentes deben tener lugares de retiro físicos y emocionales donde puedan pensar y procesar sus conflictos internos. Así que también debe haber ciertas cosas que escapen a tu control inmediato. Responde a ellas con dignidad y paciencia y demuestra a tu hijo que confías en él. Así sabrá que te tomas en serio sus necesidades más maduras y será más probable que recurra a ti cuando sienta dudas o inseguridad.

✓ **Enseña a tu adolescente que puede desviarse de las opiniones del grupo.** Es probable que las afiliaciones a un grupo cambien varias veces a lo largo de la vida humana y las camarillas prosperan con los conflictos externos e internos. Los jóvenes tienen que aprender que pueden seguir siendo amigos aunque consideren las cosas de distinta importancia y sus opiniones no coincidan al cien por cien. Éste es un requisito previo importante para desarrollar la tolerancia hacia las personas ajenas al propio grupo y poder convivir con las diferencias. Sin embargo, ¡tú como padre no estás exento de esto! Tolera las críticas razonables de tu hijo hacia ti. De este modo, aprende que todas las autoridades deben tomar decisiones transparentes para exigir respeto. Vuestra relación se verá reforzada por cómo gestionéis las diferencias de opinión que surjan. Refleja a tu hijo que así es como puede mantener sus propias opiniones e identidad al tiempo que recibe apoyo y aprecio.

LA JUVENTUD ADULTA: IDEN-TIDAD VS. AISLAMIENTO

En cuanto termina la pubertad (que, por cierto, puede durar hasta los veinte años), hablamos de la edad adulta. A los dieciocho años, somos legalmente completamente responsables de nosotros mismos y disfrutamos de la libertad, pero también de la carga, de nuestras decisiones. Ya se trate de las primeras experiencias laborales, de relaciones románticas más profundas o del propio camino vital que ahora queremos tomar... con esta fase de la vida llegan retos concretos que demuestran que también tenemos que crecer primero en nuestra vida adulta. Esta nueva fase de autodescubrimiento dura hasta bien entrados los 40 años. Desde un punto de vista técnico, las siguientes tres fases de la vida abandonan el terreno tradicional de la psicología del desarrollo, porque ésta se refiere más bien al desarrollo infantil y adolescente. Sin embargo, sería un gran error considerar que la relación humana ha terminado con la pubertad. Incluso con un fuerte sentido de la propia identidad, los seres humanos atraviesan repetidamente crisis internas que ponen a prueba sus decisiones y relaciones personales.

Esta fase de la vida revela si se han superado los conflictos anteriores, porque sólo a través de la confianza, la autonomía, la seguridad y la lealtad puede un adulto sentir y construir intimidad. Las relaciones íntimas y sanas consisten en que los adultos comparten sus vidas sin sentir que sus identidades están en peligro. Quienes tienen una identidad propia fuerte son, según las investigaciones de Erikson, más capaces de establecer una intimidad sexual y/o intelectual sana y de defenderla frente a amenazas externas. Las amistades que no tienen ningún componente romántico también deberían sentirse abordadas por esta descripción. Las palabras clave "intimidad" y "amor" son ingredientes muy cruciales para construir amistades duraderas e indulgentes en la edad adulta.

En psicología, existen posturas divergentes sobre qué se forma primero, la propia identidad o la capacidad de intimidad. El psicólogo estadounidense Harry Stack Sullivan, por ejemplo, partía de la base de que desarrollamos primero nuestra identidad a partir de nuestras relaciones con otras personas, lo que Erikson sitúa más claramente en la fase de desarrollo anterior de la adolescencia. En lo que ambos están de acuerdo es en el hecho de que el desarrollo personal no puede lograrse en solitario. Para ello dependemos de otras personas.

La capacidad de intimidad es el requisito previo directo para poder sentir y mostrar un sentimiento de amor. Según Erikson, el amor es nuestra capacidad de aceptar a otra persona en su diferencia. A diferencia del mero afecto, que siempre busca lo común, el amor sólo puede surgir de la comprensión y el aprecio de las diferencias entre uno mismo y el otro. El amor también consiste en la capacidad de dejar en segundo plano nuestras propias necesidades para satisfacer las del otro, al tiempo que comprendemos y respetamos los límites individuales. Quien no aprende esta habilidad siempre percibirá a los demás como una amenaza, aunque se suponga que son uno de nuestros íntimos. En respuesta a esta amenaza, la persona se retrae en su propia identidad y rehúye salir del territorio familiar, aunque este repliegue pueda alejarla de la intimidad y el amor auténticos.

<u>Lo cual es especialmente útil en esta fase:</u>

✓ **Asume riesgos.** Involucrarse con otra persona requiere cierto valor y la voluntad de cometer errores. En este punto deberías tener una idea de tus propias necesidades y saber que las relaciones fracasadas no dicen nada de tu calidad general como persona. Sin embargo, no puedes ganar nada sin arriesgarte. Prepárate para descubrir el atractivo del otro en tu pareja y entiende los posibles conflictos como una oportunidad para madurar el uno con el otro.

✓ **Distingue entre diferencias superables e insuperables.** Si quieres construir una verdadera intimidad, esto no debe significar descuidar completamente tus propios deseos en favor de la otra persona. Una relación madura implica hacer compromisos, y los compromisos no deben hacerse permanentemente a expensas de una persona. Si sientes la necesidad de hablar de tus preocupaciones pero tu pareja se cierra en banda y niega en silencio sus problemas, vuestra comunicación conjunta se resentirá. Determina qué diferencias entre tu pareja y tú son deseadas y aceptadas y qué diferencias amenazan con socavar vuestra relación. Discútelas en confianza mutua con tu pareja para comprobar si esas diferencias son realmente insalvables.

ADULTEZ MADURA: GENERA-TIVIDAD VS. ESTANCAMIENTO

Con la mediana edad, es decir, desde aproximadamente los 40 años hasta la jubilación, se puede hablar de adultez madura. El término "generatividad" se refiere a la capacidad de ayudar a los demás en sus propias crisis y de poder apoyarlos con sabios consejos. Esto requiere una autoimagen consolidada y un rico tesoro de experiencias vitales adquiridas en el proceso de éxitos y fracasos. También incluye experiencias sexuales maduras y la capacidad de satisfacer plenamente las necesidades sexuales y románticas de la pareja.

Independientemente de su propia profesión, el adulto se convierte así en maestro y persona de contacto para las generaciones más jóvenes y les inspira nuevas percepciones. Es precisamente en este momento cuando se pone de manifiesto si se ha dominado de antemano la capacidad de intimidad, porque la combinación de personalidades diferentes da como resultado la mejor estabilidad posible y el mayor conjunto de soluciones a los problemas que se pueden ofrecer. Esto es especialmente reconocible después de formar una familia, cuando las necesidades de los niños pequeños ponen a prueba a la pareja en cuestión de un modo especial. Entonces se sientan las bases de la imagen de uno mismo, que sólo vuelve a cuestionarse cuando los hijos se van definitivamente de casa y uno tiene que reinventarse fuera de su papel de padre. Sin embargo, esto también se aplica a las personas que no tienen hijos ni pareja y entran en contacto con las generaciones más jóvenes en la vida cotidiana. En principio, es posible para todos, e incluso beneficioso para su psique, si tienen la oportunidad de inspirar a personas más jóvenes y captar nuevos impulsos a través de personas más jóvenes. Los que no pueden encontrar este estímulo en la vida cotidiana tienen la oportunidad, por ejemplo, de hacer un curso nocturno o un voluntariado; lo principal es salir de vez en cuando de la rutina diaria habitual y estar dispuesto a aprender algo nuevo.

Con el término estancamiento nos referimos a permanecer inmóviles y obsesionados con nuestros propios problemas. Quienes no muestran disposición para la intimidad no pueden entablar un intercambio regular con otros puntos de vista y, por tanto, insisten en sus propias convicciones como únicas soluciones aceptables. Los que están estancados en su desarrollo pueden, en consecuencia, transmitir menos de su riqueza de experiencia y enriquecerla igualmente poco con nuevos elementos de reflexión. Los adultos estancados suelen percibirse a sí mismos como deconstructivos porque también reciben una retroalimentación mucho menos positiva debido a su falta de voluntad de compartir. Sin mirar hacia delante, carecen de una cierta orientación hacia el futuro que podría proporcionarles la suficiente confianza en sí mismos para envejecer con gracia. También se puede ver esta fase en relación con un debilitamiento que comienza de nuevo:

Aunque has adquirido mucha experiencia y has aprendido de ella, cada vez pierdes más influencia en la vida de tus hijos o de tus colegas, que ahora están madurando para convertirse ellos mismos en adultos estables. Tal vez tu cuerpo esté envejeciendo y seas consciente de que en un futuro próximo dependerás de la ayuda de otras personas. Por eso es tanto más importante mirar al futuro con confianza y saber en qué relaciones puedes confiar en tu propia situación de crisis.

<u>Lo cual es especialmente útil en esta fase:</u>

✓ **Piensa en tu papel de orientador sólo como un trabajo a tiempo parcial.** Ahora estás asumiendo un papel importante en el tejido social como (ab)padre al que le gusta que le pidan ayuda. Sin embargo, ten en cuenta que es más probable que se valore el consejo si sólo se da cuando se pide. Debes actuar como una autoridad cuyo juicio no se teme, sino que se respeta. Además, muéstrate abierto a nuevas sugerencias, aunque provengan de personas cuya experiencia vital pueda ser menor que la tuya. Tú eres el resultado único de tus complejas relaciones, crisis y creencias personales, por lo que otras perspectivas son igualmente únicas y, por tanto, pueden proporcionarte perspectivas que, de otro modo, habrían permanecido cerradas para ti. Recuerda insistir en tus propias necesidades y vivir una vida plena fuera de tu papel de consejero a cambio de un consejo que proceda de una posición de calma y satisfacción.

✓ **Elige tus consejos con cuidado. Ten en** cuenta que probablemente te encuentres en una fase de la vida muy diferente a la de la persona con la que hablas. Los problemas que tú has dominado pueden no estar aún en su radar. Ponte en el lugar de la otra persona considerando qué crisis has atravesado personalmente, pero también en el contexto de tu desarrollo psicológico. ¿Qué te ayudó a superarlas? Piensa en personas anteriores en las que confiabas y a las que admirabas. Fíjate en lo que hizo de esas personas confidentes y en el respeto con que te trataron.

LA EDAD ADULTA TARDÍA: INTEGRIDAD DEL EGO FRENTE A DESESPERACIÓN

Básicamente, llamo adultez tardía a la última fase de la vida, que comienza en torno a la edad de jubilación y dura hasta el final de la vida. En esta fase se pone a prueba la autoimagen con la que se afrontan las crisis inmediatas y cómo se es capaz de reaccionar ante los sentimientos de impotencia.

En la edad adulta tardía, uno debe estar preparado para defender su propia dignidad frente a todas las amenazas físicas (por ejemplo, la debilidad física) y económicas. El adulto también mira ahora retrospectivamente su vida como una concatenación de múltiples acontecimientos y comprende sus interrelaciones desde una perspectiva mucho más profunda, que se entiende como el concepto de integridad del yo. El mayor reto es aceptar esto por uno mismo, incluso en sus defectos, y zanjar los sentimientos de remordimiento. Con esta realización llega una sabiduría última, que se define por la comprensión del propio papel en el mundo y del papel de la humanidad en su conjunto. Con la ayuda de esta sabiduría, uno es finalmente capaz de enfrentarse a la muerte sin miedo y aceptarla como tal.

La gran debilidad del ser humano en este punto es ser capaz de dejar pasar las cosas; al fin y al cabo, hemos aprendido tanto que siempre tenemos la oportunidad de revisar nuestro comportamiento y aprender de nuestros errores. Sin embargo, a menudo quedan errores que no vemos desde su lado finalmente útil, sino que lamentamos profundamente. Para algunos, este error puede ser una decisión profesional desventajosa, un conflicto persistente con nuestros hijos o la pérdida de un ser querido. En la vejez, sin embargo, resulta prácticamente imposible deshacer las cosas. Quienes, a pesar de todo, se dejan abrumar por este deseo, corren el riesgo de desesperar interiormente de sí mismos. Esta desesperación mina la autoestima y, por otra parte, no hace sino aumentar el miedo existente a la muerte, ya que uno la ve como la antagonista de sus deseos insatisfechos y se resiste activamente a la aceptación realmente deseable de su propio camino en la vida. Es importante tener una imagen clara de uno mismo para contrarrestar este miedo y vivir una vida plena. La afirmación más memorable de Erikson es: "Quien aprende de niño a no temer a la vida, no temerá a la muerte de adulto".

Lo cual es útil en esta fase:

✓ **Acepta las deficiencias de tu vida como resultado de tus acciones.** Muy pocas cosas en este planeta son perfectas. Ninguno de nosotros nace experto en la vida, sino que improvisa allí donde no conoce ningún consejo.

✓ Sin duda tomaste decisiones que, en retrospectiva, resultaron ser buenas y acertadas, pero no podías saberlo al cien por cien en el momento pertinente. Reflexiona sobre los factores que influyeron en tu decisión en aquel momento. Entiende tu vida como un proceso a largo plazo y muestra indulgencia hacia tu yo más joven.

✓ **Haz una lista de las cosas que consideras éxitos y fracasos personales.** Es bien sabido que por cada crítica que recibimos, necesitamos al menos cinco cumplidos para contrarrestar el efecto negativo de la inseguridad. Lo mismo ocurre con las cosas de las que nos arrepentimos: hemos desarrollado una visión de túnel y ya no vemos los éxitos que realmente merece la pena celebrar. Piensa en lo que has conseguido en tu vida hasta ahora y en lo que te ha costado superar con éxito las crisis. Repasando mentalmente los hitos de tu vida, tal vez surjan algunas ideas desde una perspectiva más segura que te ayuden a afrontar los errores que has cometido. Incluso es muy probable que empieces a diferenciar entre errores inmutables y cambiables. Cuáles son, sólo tú puedes juzgarlo; sin embargo, siempre tienes la oportunidad de llamar a cierta persona, de vivir una pasión que llevas mucho tiempo acariciando o de emprender el viaje que siempre rehuías en tus años de juventud. Utiliza tu experiencia vital para dejar a un lado tus miedos del pasado y ten el valor de no hacer algo a la perfección, pero dar ese paso de todos modos.

Lo que puedes aprender de los conflictos internos a lo largo de tu vida

Ahora ya tienes una buena visión general de qué conflictos internos dominan e influyen en nuestro desarrollo posterior. Tal vez reconozcas algunas crisis por las que ya has pasado y estés visualizando de qué tipo de apoyo te habrías beneficiado más en ese momento de tu desarrollo. También sería comprensible que te sintieras un poco asesinado por el término "conflicto" y que ahora sientas que la vida es una gran batalla que hay que librar contigo mismo. El modelo de Erikson se parece un poco a un Bildungsroman en el que el héroe libra amargas batallas y reflexiona sobre cuestiones filosóficas hasta que le echa humo la cabeza.

Párate un momento y recuerda que al principio de esta guía se explicaba que una delimitación clara de las etapas del desarrollo es más difícil que, por ejemplo, el estudio de los árboles o las mariposas. Los psicólogos se las arreglan observando a las personas a determinadas edades e identificando después un área central de interés para una edad concreta. Sin duda, algunos aspectos de esta teoría te resultarán familiares por tu propia experiencia vital, por ejemplo, que los niños desarrollan miedos especialmente creativos a cierta edad o que en la edad adulta también se producen trastornos vitales, por ejemplo, por divorcios, cambios profesionales o la marcha de los hijos, que pueden exigir una reorientación y reinvención completas. Tal vez tu vida hasta ahora haya sido una cadena de accontecimientos muy especiales y creativos que no se corresponden en absoluto con un curriculum vitae "clásico". Tal vez nunca hayas tenido que luchar con determinados conflictos, pero sí con otros retos con los que sentías que te habían dejado solo.

Piensa en la guía anterior mucho más como en un viaje fantástico. A veces te acompañarán amigos y confidentes durante años, en algunos tramos del camino te parecerá que llevas años viajando solo. A veces conocerás a personas interesantes que te desafiarán y tal vez incluso te lleven contra la pared. La mayor parte del tiempo estarás en un camino ancho y familiar. En algunos puntos, sin embargo, surge una bifurcación, un camino sinuoso y estrecho que no conoces y que puede encerrar peligros desconocidos. No puedes saber lo que te espera al otro lado del camino, y querer dar marcha atrás más tarde será una empresa difícil. Estos dos caminos representan los ocho conflictos que surgen a lo largo de tu vida según el modelo de Erikson. El camino ancho simboliza situaciones y patrones de pensamiento familiares. Es cómodo porque no exige ningún cambio, y conduce lentamente hacia abajo porque puede ser una trampa inesperada para ti.

Si desconfías de la gente desde el principio, dudas de tus propias capacidades, te aíslas activamente y te desesperas por tus fracasos, acabarás estando solo. Tu única opción es comprender por qué el camino cómodo se está volviendo gradualmente peligroso para ti. En cuanto se abra una bifurcación en el camino, debes plantearte entrar en la senda desconocida. Hace falta valor para mostrar confianza cuando antes se ha visto defraudada en otra parte; para ser proactiva y asumir la responsabilidad de tus actos cuando antes te veías como el juguete de otros; para decir "no" y seguir tu propio camino cuando antes te veías como un apoyo siempre disponible. Además, nadie te está pidiendo que te conviertas en una persona fundamentalmente optimista y segura de sí misma, cuando estos rasgos de carácter en realidad te parecen bastante extraños. Después de todo, incluso Erikson reconoce que nuestras predisposiciones genéticas desempeñan un papel en nuestro desarrollo, y una buena parte de la población crece como escépticos naturales, lo que les salva de una posible ingenuidad y explotación.

No deberías tener que olvidar cuando otras personas te han agraviado antes, pero si te pones una coraza protectora automática, nadie tendrá la oportunidad de demostrarte quizás que estás exactamente equivocado. La distinción de Erikson entre dos polos no significa que una persona deba alcanzar uno de estos polos perfectamente. Más bien, entiende cada conflicto interior en cuestión como una escala, como un test personal por el que pasas y al final del cual obtienes tu resultado. Tal vez confíes en una media del 40% de todas las situaciones del test y, por tanto, seas predominantemente, pero no fundamentalmente, desconfiado. Aunque esto significa que puedes abrirte a otras personas, tal vez a cambio tu actitud hacia tus propias capacidades se resienta porque desconfías de ti mismo.

En la psicología del desarrollo, existe el llamado modelo de autoevaluación de la motivación de logro, en el que se distingue entre dos tipos de personas. Una elige tareas factibles desde un punto de vista realista, atribuye su éxito a su propio rendimiento y capacidad y suele estar satisfecha consigo misma al final de una tarea. A estas personas se las denomina personas orientadas al éxito. La otra, en cambio, elige tareas particularmente fáciles o particularmente difíciles, en las que apenas se agota todo el potencial de sus capacidades o se sobrecarga por completo.

Si la tarea se llevó a cabo con éxito, esta persona atribuye su éxito a la pura suerte o al azar; si la tarea no tuvo éxito, la persona se encoge de hombros y dice: "De todos modos, no podría hacerlo". Está fundamentalmente insatisfecha con sus propios logros, por lo que a estas personas también se las llama personas orientadas al fracaso. ¿Por qué las personas orientadas al fracaso se someten a semejante presión psicológica? Posiblemente nunca han aprendido a evaluar sus propias capacidades de forma realista o tienen tanto miedo al fracaso que prefieren rechazar una situación desafiante antes que intentar ser menos que perfectos.

Estos miedos tienen algo que ver con la falta de confianza en uno mismo. La cuestión es: enseñar a las personas a confiar en sí mismas es mucho más fácil si saben confiar en otras personas. La mayoría de las personas que son duras consigo mismas de forma habitual nunca hablarían así a un amigo que se encuentra en una situación similar. Ve avanzando poco a poco hacia proyectos y tareas que creas que puedes conquistar. Luego déjate sorprender por lo que eres capaz de hacer y da un paso más la próxima vez. Te sorprenderán las cimas personales que puedes conquistar si tienes el valor de atreverte a escalarlas.

Recuerda que el desarrollo humano no termina en absoluto cuando entras en la edad adulta. Cada trastorno, cada cambio en tu vida pone a prueba lo que has aprendido hasta ahora y el apoyo que recibes en situaciones de crisis. Recuerda bien lo que necesitaste en tu infancia y lo que quizá nunca recibiste. Recuerda la advertencia de la última fase de tu vida y no te arrepientas de las oportunidades perdidas, que siempre puedes recuperar. Asegúrate de que tu entorno personal te devuelve tanto como tú le das a diario. Las buenas redes y las amistades íntimas y duraderas son tan importantes para tu psique cotidiana como buscar nuevos retos, situaciones y personas. Tu cerebro sigue teniendo cierta plasticidad incluso a una edad avanzada y, por tanto, es bastante receptivo a las nuevas experiencias. Busca estímulos fuera de tu zona de confort y sé consciente de que tu autoestima puede soportar el fracaso y superarlo con cierta madurez.

Toma del modelo de desarrollo de Erikson la idea de que todo reto tiene en su núcleo la oportunidad de mejorar. Algunos días puedes estar en el otro extremo de un conflicto que hay que resolver y puedes estar tratando con un joven que rechaza fundamentalmente tus creencias y normas y rechaza absolutamente tu persuasión. Sin embargo, sabes que vuestra relación es primordial en este caso. Lo que importa es hasta qué punto valoras y respetas a tu contraparte como ser humano, de modo que seáis capaces de llegar a un compromiso o tal vez simplemente exponer tu decisión con transparencia y dejarlo así. Si tu relación tiene unos cimientos sólidos, sobrevivirá a cualquier desafío y se hará aún más inquebrantable.

Erikson tenía una visión optimista de la vida, señalando repetidamente que ningún conflicto está verdaderamente perdido. Cada conflicto que un niño tiene consigo mismo es una oportunidad para apoyarle con seguridad y confianza, y para ser testigo directo de sus éxitos. Si practicas dejar por un momento tu perspectiva adulta y adoptar el punto de vista de un niño, es mucho más probable que puedas ayudarle con sus inseguridades y comprender que no está inacabado en absoluto, sino que simplemente tiene actualmente un conflicto interior diferente al tuyo. Básicamente, tienes esto en común con todos los niños.

Por último, piensa en la frase de Erikson, con la que resumió de forma memorable lo que es importante en la educación de todo ser humano: "Quien aprende de niño a no temer a la vida, no temerá a la muerte de adulto". En este sentido: muestra a tu hijo que puede superar sus miedos y más tarde podrá dominarlos con confianza.

Maria Kiemer 2021

1ª edición

Contacto: Psiana eCom UG/ Berumer Str. 44/ 26844 Jemgum

Diseño de portada: Fenna Larsson

Foto de portada: depositphotos.com